Impressum
Verlag: BABADADA GmbH, Nedderfeld 112 , 22529 Hamburg
Geschäftsführer / Verlagsleitung: Harald Hof
Druck: Books on Demand GmbH, In de Tarpen 42, 22848 Norderstedt

Imprint
Publisher: BABADADA GmbH, Nedderfeld 112 , 22529 Hamburg, Germany
Managing Director / Publishing direction: Harald Hof
Print: Books on Demand GmbH, In de Tarpen 42, 22848 Norderstedt, Germany

la escuela
المدرسة

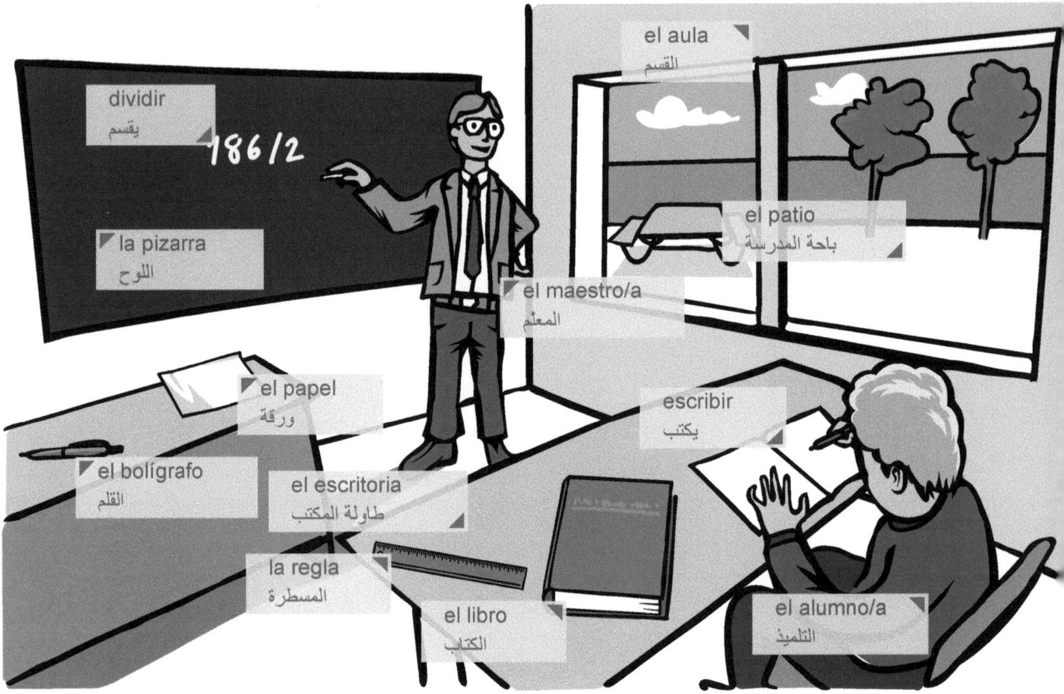
el aula
القسم
dividir
يقسم
186/2
la pizarra
اللوح
el patio
باحة المدرسة
el maestro/a
المعلّم
el papel
ورقة
escribir
يكتب
el bolígrafo
القلم
el escritoria
طاولة المكتب
la regla
المسطرة
el libro
الكتاب
el alumno/a
التلميذ

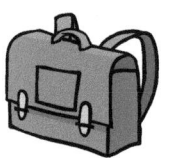

la cartera
الحقيبة المدرسية

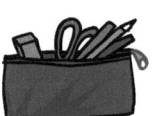

la caja de lápices
المقلمة

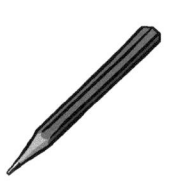

el lápiz
قلم الرصاص

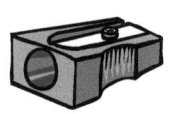

el sacapuntas
البرّاية

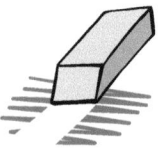

la goma de borrar
المِمحاة

el cuaderno de dibujo
دفتر الرسم

el dibujo

الرسمة

el pincel

الفرشاة

la caja de pinturas

علبة التلوين

las tijeras

المقص

el pegamento

المادة اللاصقة

el cuaderno de ejercicios

دفتر التمارين

los deberes

الواجب المدرسي

el número

الرقم

sumar

يجمع

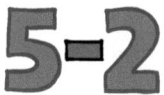

restar

يطرح

multiplicar

يضرب

calcular

يحسب

la letra

الحرف

el alfabeto

الأبجدية

la palabra

كلمة

el texto

النص

leer

يقرأ

la tiza

الطبشور

la lección

الحصة

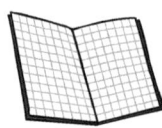

el cuaderno de notas

دفتر الدوام المدرسي

el examen

الامتحان

el certificado

شهادة

el uniforme

اللباس المدرسي

la educación

التعليم

la enciclopedia

الموسوعة

la universidad

الجامعة

el microscopio

المجهر

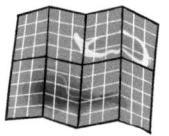

el mapa

الخريطة

la papelera

قماما

el viaje

سفر

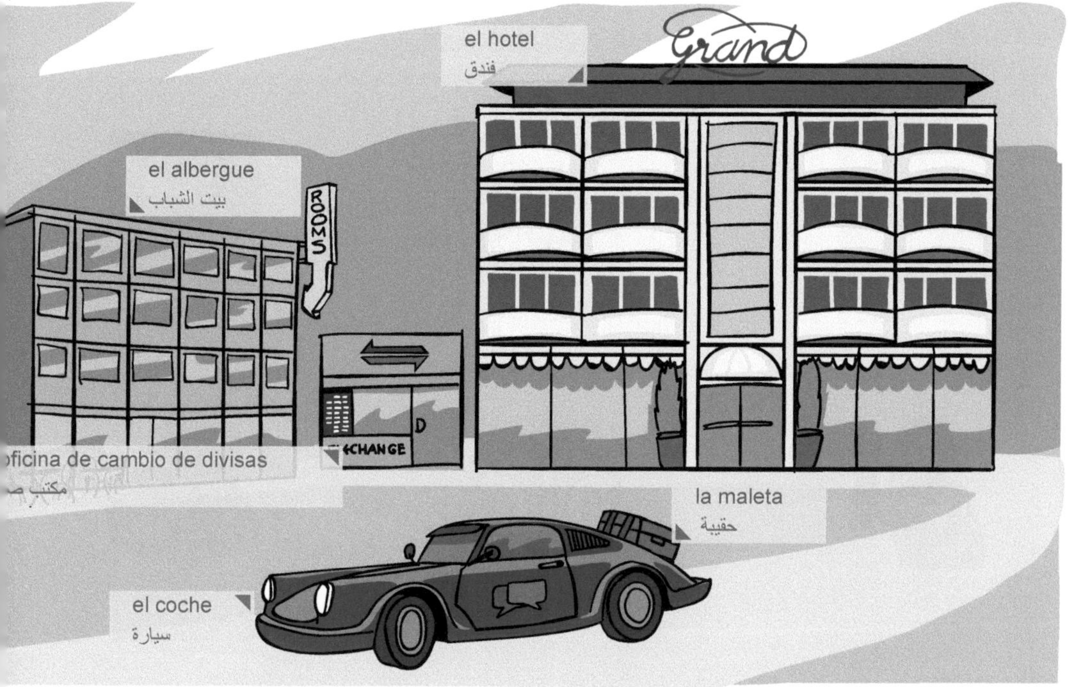
el hotel
فندق
Grand
el albergue
بيت الشباب
ROOMS
EXCHANGE
ficina de cambio de divisas
مكتب
la maleta
حقيبة
el coche
سيارة

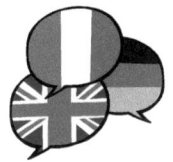

el idioma
....
اللغة

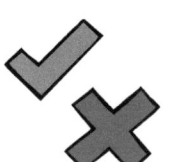

sí / no
....
نعم / لا

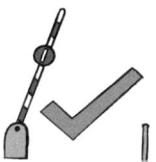

Vale
....
حسناً

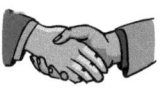

hola
....
مرحباً

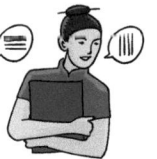

el traductor
....
مترجم

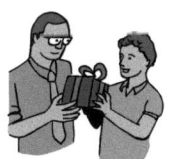

Gracias
....
شكراً

¿cuánto es...?

كم ثمن ... ؟

No entiendo

لا أفهم

el problema

مشكلة

¡Buenas tardes!

مساء الخير

¡Buenos días!

صباح الخير!

¡Buenas noches!

ليلة سعيدة

adiós

إلى اللقاء

la dirección

اتجاه

el equipaje

أمتعة السفر

la bolsa

حقيبة

la mochila

حقيبة ظهر

el invitado

ضيف

la habitación

غرفة

el saco de dormir

كيس للنوم

la tienda de campaña

خيمة

la información turística

استعلامات سياحية

la playa

شاطئ

la tarjeta de crédito

بطاقة ائتمان

el desayuno

إفطار

el almuerzo

طعام الغداء

la cena

العشاء

el billete

بطاقة سفر

el ascensor

مصعد

el sello

طابع بريدي

la frontera

حدود

la aduana

الجمارك

la embajada

سفارة

la visa

تأشيرة

el pasaporte

جواز سفر

el transporte

نقل

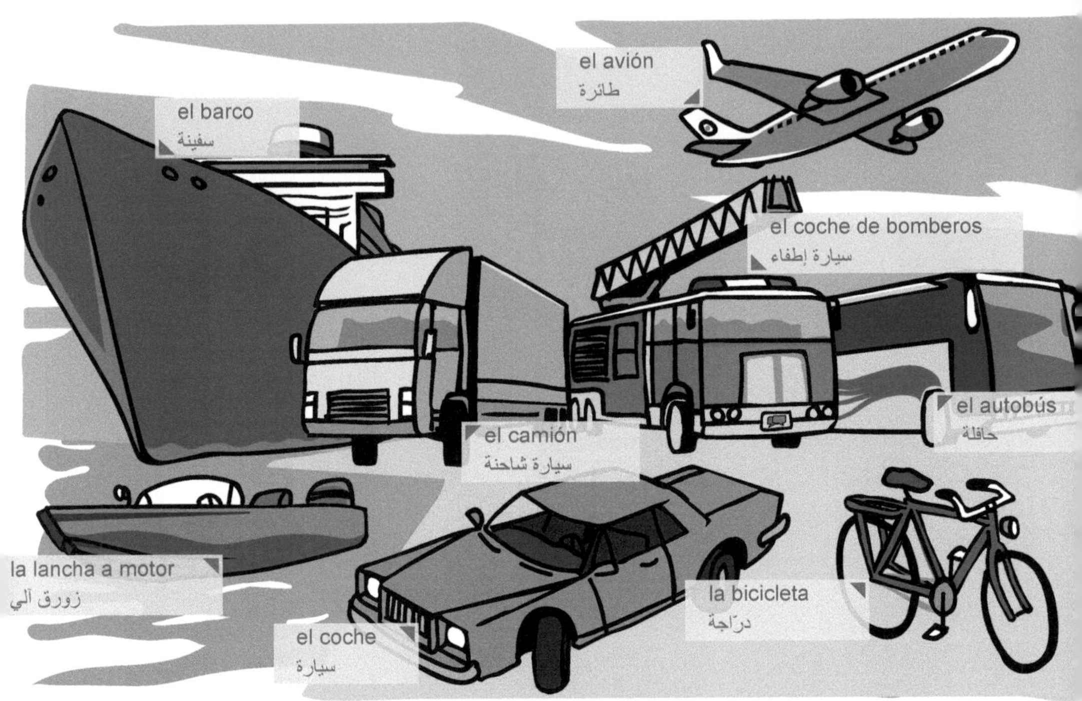
el avión
طائرة
el barco
سفينة
el coche de bomberos
سيارة إطفاء
el autobús
حافلة
el camión
سيارة شاحنة
la lancha a motor
زورق آلي
la bicicleta
درّاجة
el coche
سيارة

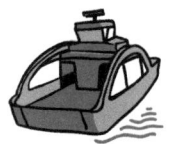

el transbordador

عبارة

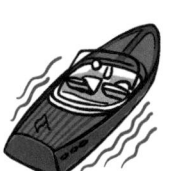

la barca

قارب

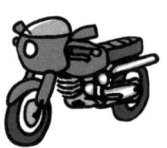

la moto

دراجة نارية

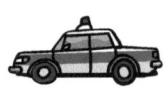

el coche de policía

سيارة شرطة

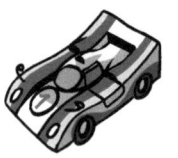

el coche de carreras

سيارة سباق

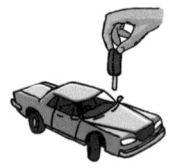

el coche de alquiler

سيارة مستأجرة

el préstamo de vehículos

أسلوب تشاركي في استئجار السيارات

la grúa

سيارة للجر

el camión de la basura

سيارة نقل القمامة

el motor

محرك

la gasolina

وقود

la gasolinera

محطة وقود

la señal de tráfico

إشارة مرور

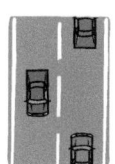

el tráfico

حركة السير

el atasco

ازدحام سير

el aparcamiento

موقف سيارات

la estación de tren

محطة قطار

las vías

سكك حديدية

el tren

قطار

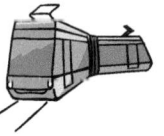

el tranvía

ترام

el vagón

عربة قطار

el helicóptero

طائرة مروحية

el aeropuerto

مطار

la torre

برج

el pasajero

مسافر

el contenedor

حاوية

la caja de cartón

علبة كرتون

la carretilla

عربة يد

la cesta

سلة

despegar / aterrizar

يقلع / يهبط

la ciudad

مدينة

el pueblo

قرية

el centro de la ciudad

مركز المدينة

la casa

بيت

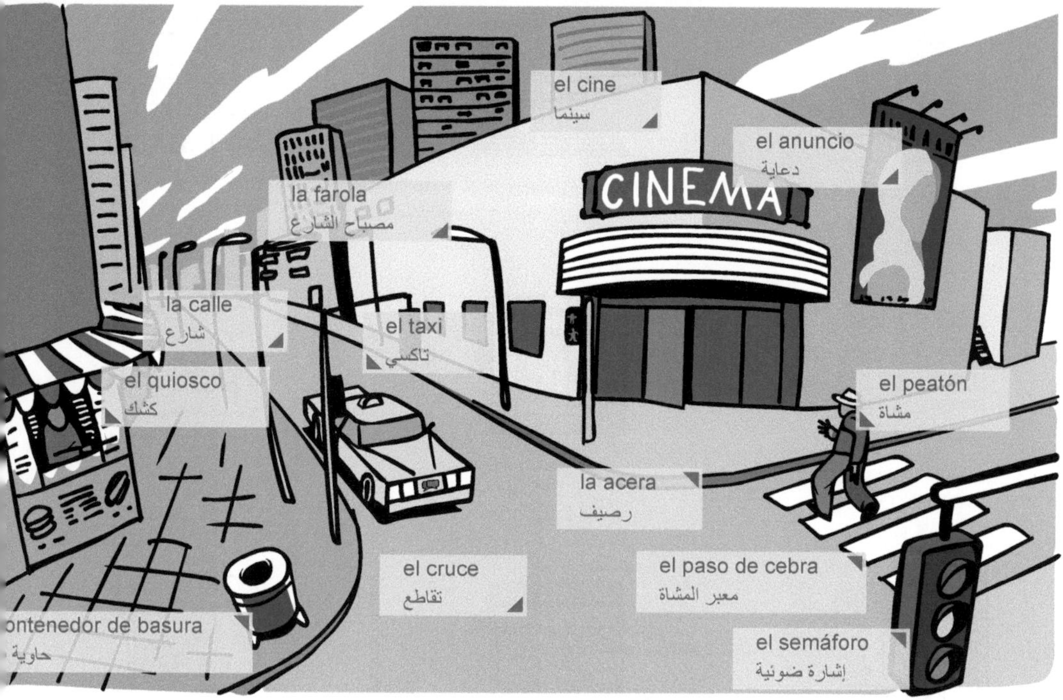

el cine
سينما

el anuncio
دعاية

la farola
مصباح الشارع

la calle
شارع

el taxi
تاكسي

el quiosco
كشك

CINEMA

el peatón
مشاة

la acera
رصيف

el cruce
تقاطع

el paso de cebra
معبر المشاة

ontenedor de basura
حاوية

el semáforo
إشارة ضوئية

la cabaña
كوخ

el apartamento
شقة

la estación de tren
محطة قطار

el ayuntamiento
دار البلدية

el museo
متحف

la escuela
المدرسة

la universidad

الجامعة

el banco

مصرف

el hospital

المستشفى

el hotel

فندق

la farmacia

صيدلية

la oficina

مكتب

la librería

مكتبة

la tienda de campaña

متجر

la floristería

محل لبيع الزهور

el supermercado

سوبرماركت

el mercado

سوق

los grandes almacenes

متجر كبير

la pescadería

تاجر السمك

el centro comercial

مركز تسوّق

el puerto

ميناء

el parque

حديقة عامة

el banco

مقعد

el puente

جسر

las escaleras

درج، سلم

el metro

مترو

el túnel

نفق

la parada de autobús

موقف حافلات

el bar

بار

el restaurante

مطعم

el buzón

صندوق البريد

el poste indicador

لافتة باسم الشارع

el parquímetro

مقياس زمن الوقوف

el zoo

حديقة حيوانات

la piscina

مسبح

la mezquita

مسجد

la granja

مزرعة

la contaminación

تلوث البيئة

el cementerio

مقبرة

la iglesia

كنيسة

el patio de juego

ملعب الأطفال

el templo

معبد

el paisaje

طبيعة ريفية

la hoja
ورقة

la señal
علامة إرشاد

el camino
طريق

el prado
مرج

la piedra
حجر

el árbol
شجرة

el excursionista
رحالة

el río
نهر

la hierba
عشب

la flor
زهرة

el valle

وادٍ

la colina

جبل

el lago

بحيرة

el bosque

غابة

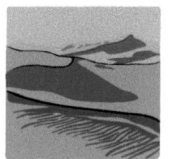

el desierto

صحراء

el volcán

بركان

el castillo

قلعة

el arcoíris

قوس قزح

el champiñón

فطر

la palmera

نحلة

el mosquito

بعوض

la mosca

ذبابة

la hormiga

نملة

la abeja

نحلة

la araña

عنكبوت

el escarabajo

خنفساء

la rana

ضفدعة

la ardilla

سنجاب

el erizo

قنفذ

la liebre

أرنب

la lechuza

بومة

el pájaro

عصفور

el cisne

بجعة

el jabalí

خنزير برّي

el ciervo

غزال

el alce

إلكة

la presa

سد

la turbina eólica

دولاب الطاحونة الهوائية

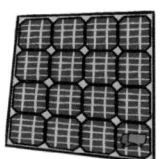

el panel solar

خلية شمسية

el clima

مناخ

el restaurante

مطعم

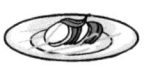

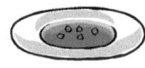

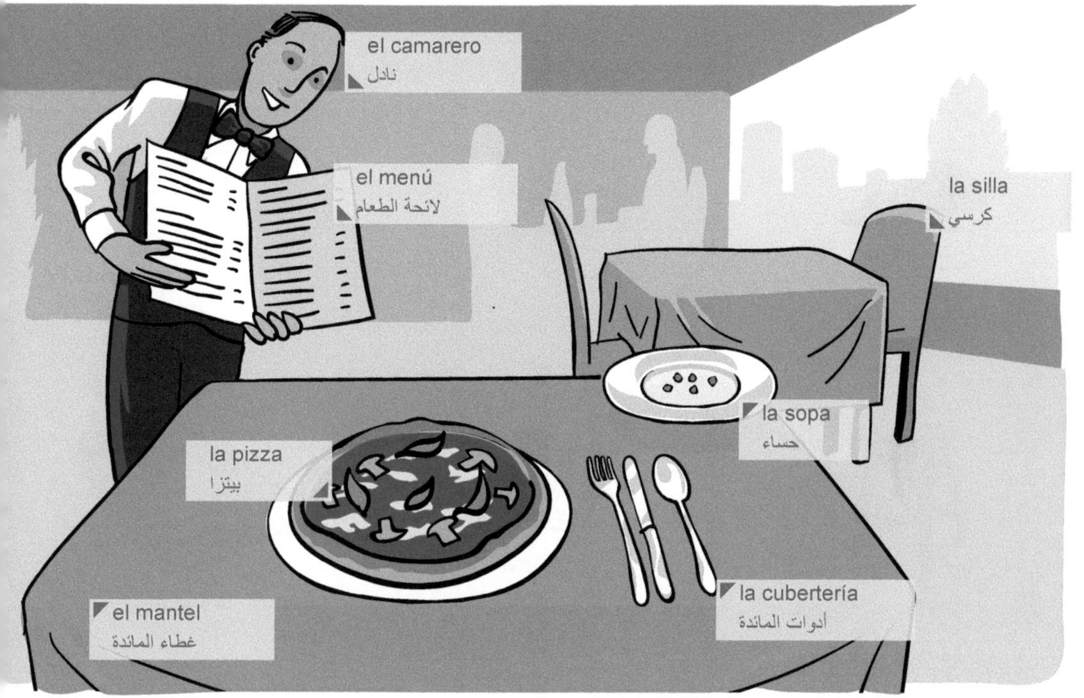
el camarero
نادل
el menú
لائحة الطعام
la silla
كرسي
la sopa
حساء
la pizza
بيتزا
la cubertería
أدوات المائدة
el mantel
غطاء المائدة

el primer plato
مقبلات

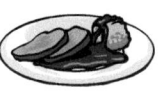

el plato principal
الصحن الرئيسي

el postre
حلوى أو فاكهة بعد الطعام

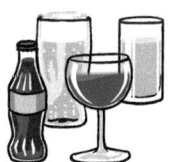

las bebidas
مشروبات

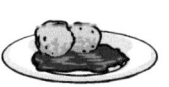

la comida
طعام

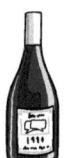

la botella
زجاجة

la comida rápida

وجبات سريعة

la comida callejera

طعام الشارع

la tetera

إبريق الشاي

el azucarero

علبة السكر

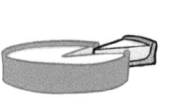

la porción

حصّة

la cafetera expreso

آلة الإسبريسو

la trona

كرسي عالٍ

la cuenta

فاتورة

la bandeja

صينية

el cuchillo

سكين

el tenedor

شوكة

la cuchara

ملعقة

la cucharilla

ملعقة الشاي

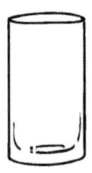

la servilleta

منديل المائدة

el vaso

كأس

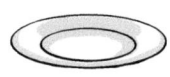

el plato

صحن

el plato hondo

صحن الحساء

el platillo

صحن الفنجان

la salsa

صلصة

el salero

مملحة

el molinillo de pimienta

مطحنة الفلفل

el vinagre

خلّ

el aceite

زيت الطعام

las especias

توابل

el ketchup

كتشاب

la mostaza

خردل

la mayonesa

مايونيز

el supermercado

سوبرماركت

la oferta especial
عرض خاص
FOR
el cliente
زبون
los lácteos
مشتقات الحليب
la fruta
فواكه
el carro de compra
عربة تسوّق

BUTCHERS

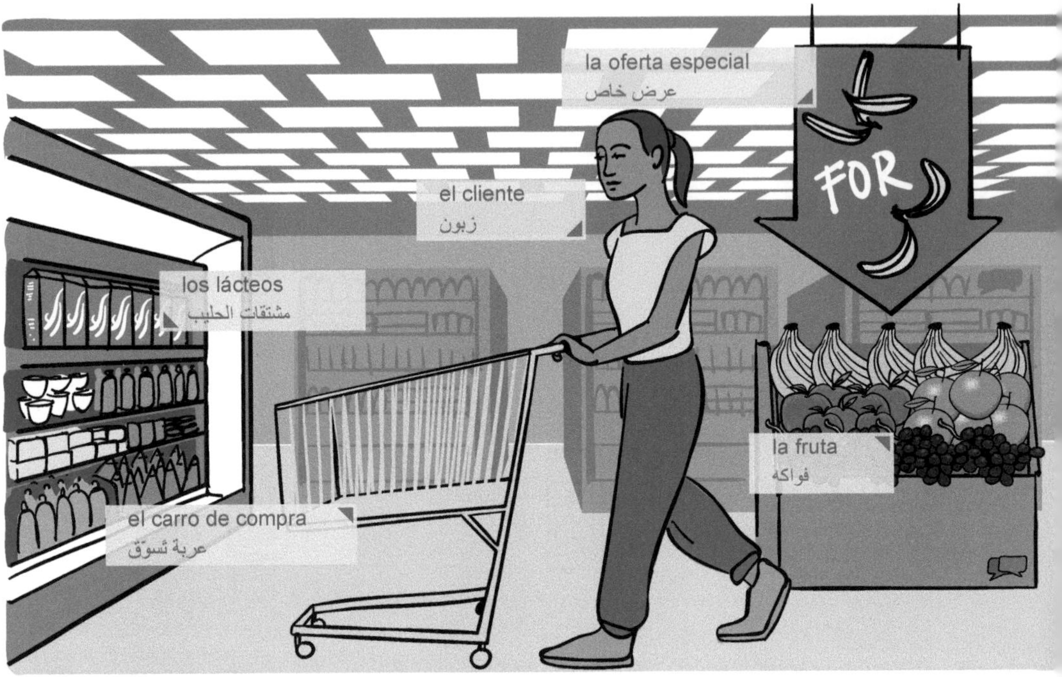

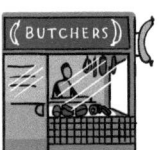

la carniceria

جزّار

BAKERY

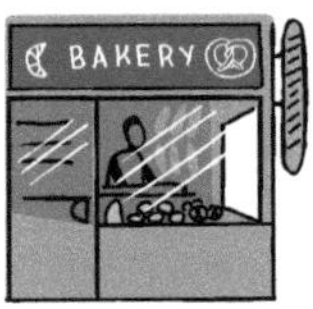

la panadería

مخبز

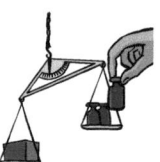

pesar

يزن

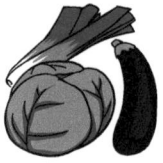

las verduras

خضار

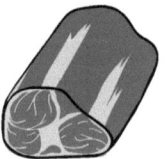

la carne

لحم

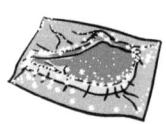

los alimentos congelados

المأكولات المجمّدة

los fiambres

مرتدلا أو جبن

las conservas

معلّبات

el detergente en polvo

مسحوق الغسيل

los dulces

حلويات

productos de uso doméstico

المواد المنزلية

productos de limpieza

منظّفات

la vendedora

بائعة

la caja de cartón

صندوق الحساب

el cajero

أمين صندوق

la lista de la compra

قائمة المشتريات

el horario de atención al público

أوقات العمل

la cartera

محفظة النقود

la tarjeta de crédito

بطاقة ائتمان

la bolsa de plástico

حقيبة

la bolsa de plástico

كيس بلاستيكي

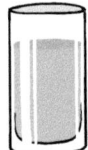

el agua

ماء

el zumo

عصير

la leche

حليب

la cola

كولا

el vino

نبيذ

la cerveza

بيرة

el alcohol

كحول

el cacao

كاكاو

el té

شاي

el café

قهوة

el expreso

قهوة إسبريسو

el capuchino

كابوتشينو

el plátano

موزة

la manzana

تفاح

la naranja

برتقال

el melón

بطيخ

el limón

ليمون

la zanahoria

جزرة

el ajo

ثوم

el bambú

خيزران

la cebolla

بصل

el champiñón

فطر

las avellanas

لوزيات

los fideos

شعيرية

las espagueti

سباغيتي

el arroz

أرزّ

la ensalada

سلطة

las patatas fritas

بطاطا مقلية

las patatas fritas

بطاطا مقلية

la pizza

بيتزا

la hamburguesa

هامبورغر

el sándwich

ساندويش

el filete

شريحة لحم مقلية

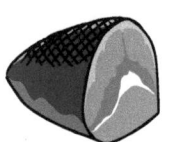

el jamón

لحم خنزير

le salami

سلامي

la salchicha

سجق

el pollo

دجاج

el asado

لحم محمر

el pescado

سمك

los copos de avena

دقيق الشوفان

el muesli

موسلي

los copos de maíz

كورن فلكس

la harina

طحين

el cruasán

كرواسان

el panecillo

خبز صغير

el pan

خبز

la tostada

خبز محمص

las galletas

بسكويت

la mantequilla

زبدة

la cuajada

لبن زبادي

el pastel

كعكة

el huevo

بيضة

el huevo frito

بيض مقلي

el queso

جبنة

el helado

مثلجات

el azúcar

سكر

la miel

عسل

la mermelada

مربّى الفاكهة

la crema de turrón

كريم النوغا

el curry

الكاري

la granja
مزرعة

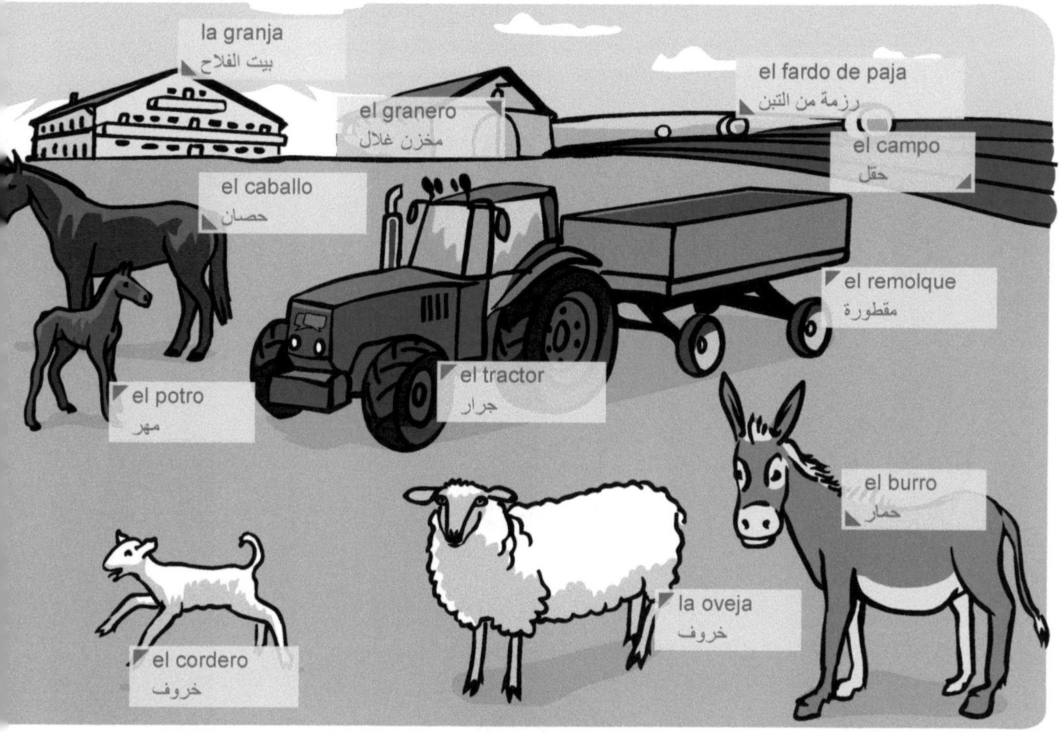
la granja
بيت الفلاح
el granero
مخزن غلال
el fardo de paja
رزمة من التبن
el campo
حقل
el caballo
حصان
el remolque
مقطورة
el tractor
جرار
el potro
مهر
el burro
حمار
la oveja
خروف
el cordero
خروف

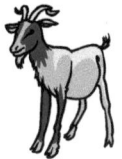

la cabra
....
ماعز

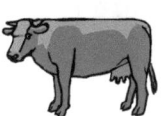

la vaca
....
بقرة

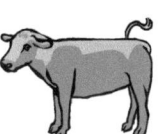

el ternero
....
عجل

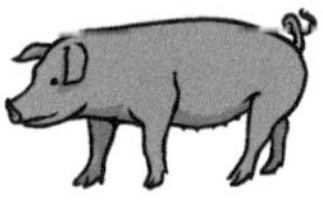

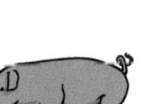

el cerdo
....
خنزير

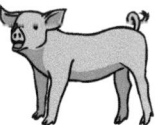

el cerdito
....
خنزير صغير

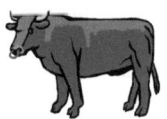

el toro
....
ثور

el ganso

إوزّة

el pato

بطة

el pollo

صوص

la gallina

دجاجة

el gallo

ديك

la rata

جرذ

el gato

قطّة

el ratón

فأر

el buey

ثور

el perro

كلب

la perrera

كوخ الكلب

la manguera

خرطوم الحديقة

la regadera

إبريق

la guadaña

منجل

el arado

المحراث

la hoz

منجل

la azada

معزقة

la horca

مذراة الزبل

el hacha

بلطة

la carretilla

عربة يد

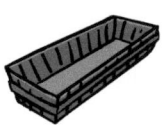

el abrevadero

معلف

la lechera

صفيحة الحليب

el saco

كيس

la valla

سياج

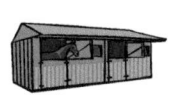

el establo

اصطبل

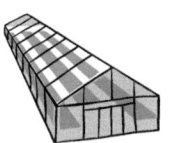

el invernadero

دفيئة

el suelo

تربة

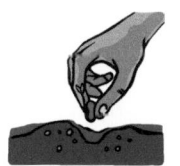

la semilla

بذور

el fertilizador

سماد

la cosechadora

حصّادة درّاسة

cosechar

يحصد

la cosecha

محصول

el ñame

بطاطا يامس

el trigo

قمح

el soja

صويا

la patata

بطاطا

el maíz

ذرة

la semilla de colza

سلجم

el árbol frutal

شجرة فاكهة

la mandioca

نبات منيهوت

las cereales

الحبوب

la casa

بيت

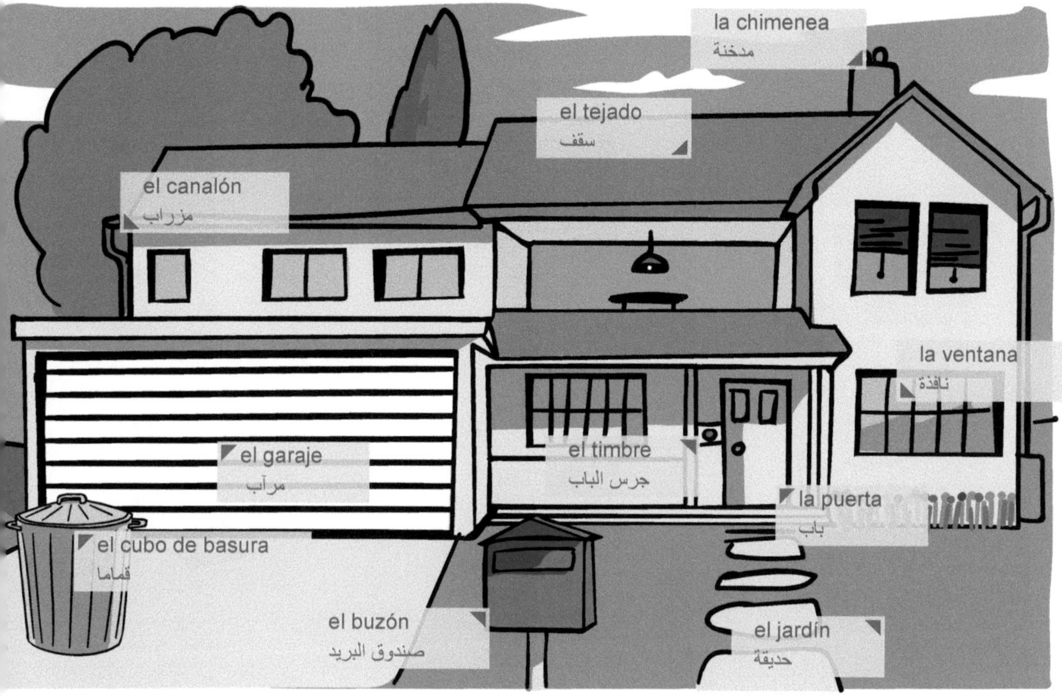
la chimenea
مدخنة
el tejado
سقف
el canalón
مزراب
la ventana
نافذة
el garaje
مرآب
el timbre
جرس الباب
la puerta
باب
el cubo de basura
قماما
el buzón
صندوق البريد
el jardín
حديقة

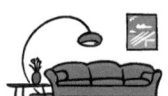

la sala

غرفة جلوس

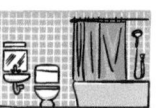

el cuarto de baño

الحمّام

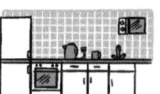

la cocina

مطبخ

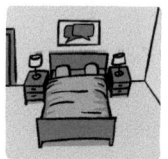

el dormitorio

غرفة النوم

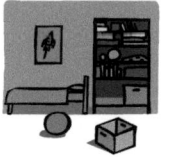

la habitación de los niños

غرفة الأطفال

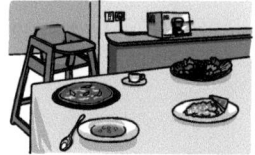

el comedor

غرفة الطعام

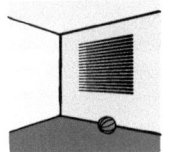

el suelo

أرضية

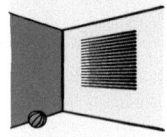

la pared

حائط

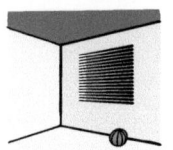

el techo

سقف

el sótano

قبو

la sauna

ساونا

el balcón

بلكون

la terraza

شرفة

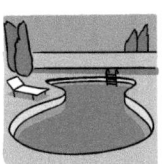

la piscina

مسبح

el cortacésped

جزّازة العشب

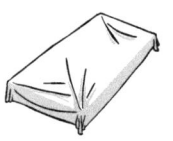

la sábana

بياضات السرير

la colcha

بطانية

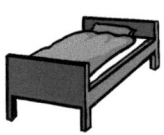

la cama

سرير

la escoba

مكنسة

el balde

سطل

el interruptor

مفتاح كهربائي

la sala
غرفة جلوس

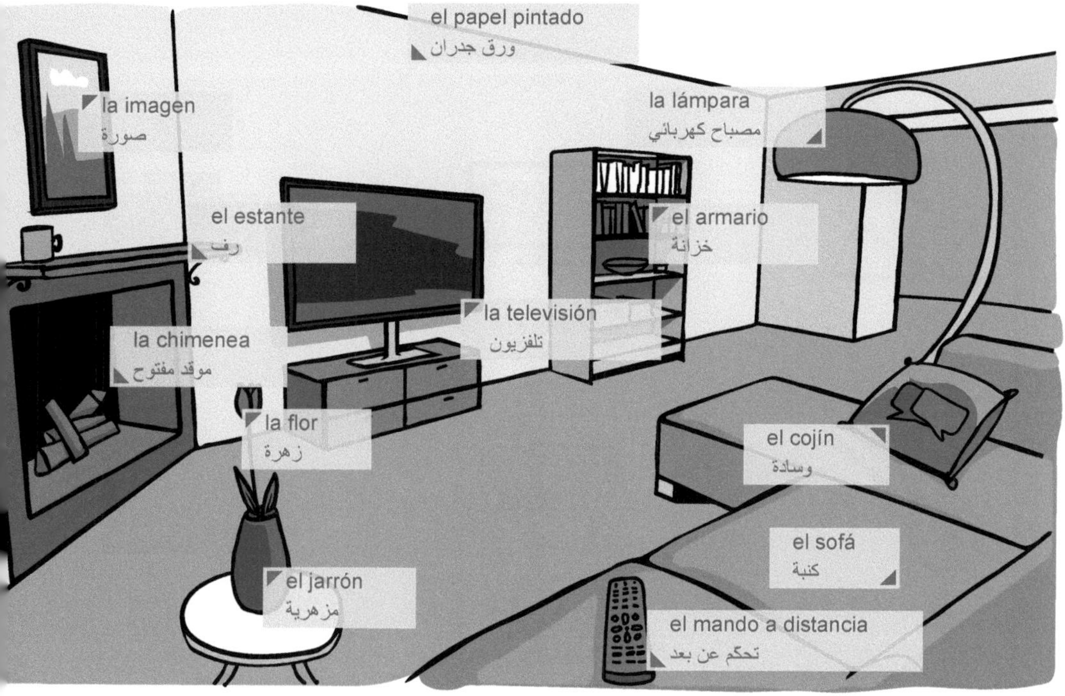

el papel pintado
ورق جدران
la imagen
صورة
la lámpara
مصباح كهربائي
el estante
رف
el armario
خزانة
la televisión
تلفزيون
la chimenea
موقد مفتوح
la flor
زهرة
el cojín
وسادة
el sofá
كنبة
el jarrón
مزهرية
el mando a distancia
تحكم عن بعد

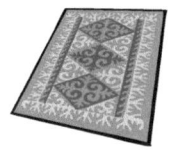

la alfombra
....
بساط

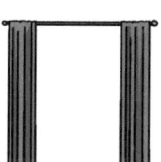

la cortina
....
ستارة

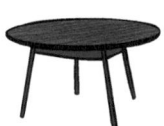

la mesa
....
طاولة

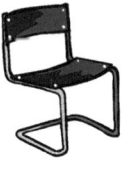

la silla
....
كرسي

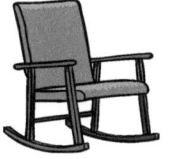

el mecedora
....
كرسي هزّاز

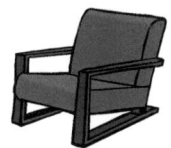

la butaca
....
كرسي ذو ذراعين

el libro

الكتاب

la manta

بطانية

la decoración

زخرفة

la leña

الحطب

la película

فيلم

el equipo de música

تجهيزات ستيريو

la llave

مفتاح

el periódico

جريدة

la pintura

لوحة مرسومة

el póster

مُلصق

la radio

راديو

el cuaderno

دفتر ملاحظات

la aspiradora

المكنسة الكهربائية

el cactus

صبّار

la vela

شمعة

la cocina
مطبخ

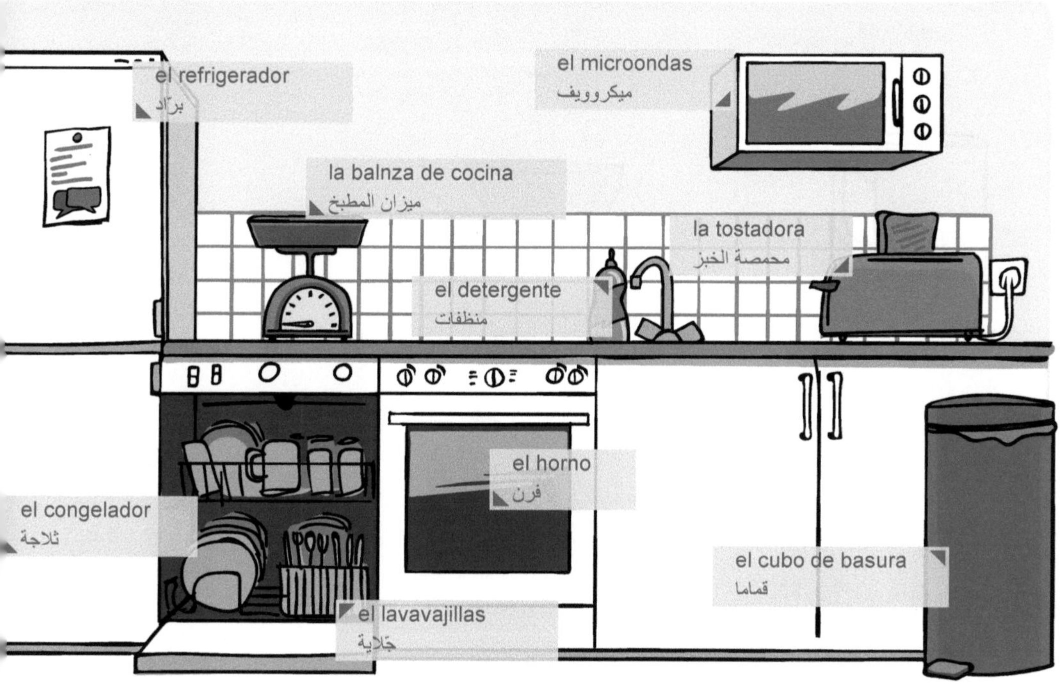

el refrigerador
برّاد
el microondas
ميكروويف
la balnza de cocina
ميزان المطبخ
la tostadora
محمصة الخبز
el detergente
منظفات
el horno
فرن
el congelador
ثلاجة
el cubo de basura
قماما
el lavavajillas
جَلاية

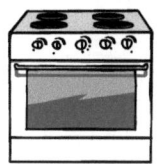

la olla a presión

موقد

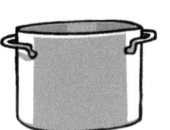

la olla

قِدر

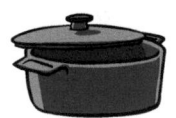

la olla de hierro fundido

وعاء من الحديد

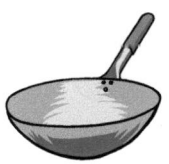

el wok

قدر صيني

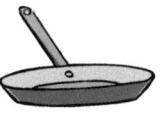

la cazuela

مقلاة

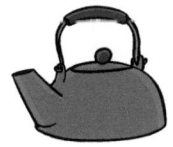

el hervidor

غلاية

la vaporera

قدر البخار

la chapa de horno

صينية

la vajilla

أواني

la taza

فنجان

el tazón

صحن

los palillos

عيدان الأكل

el cucharón

مغرفة

la espumadera

ملعقة منبسطة

el batidor

خفّاقة

el colador

مصفاة

el cedazo

مصفاة

el rallador

مبشرة

el mortero

هاون

la barbacoa

شواء

la hoguera

موقد

la tabla de picar

لوح التقطيع

el rodillo

نشّابة

el sacacorchos

مفتاح الزجاجات

la lata

علبة

el abrelatas

مفتاح العلب المعدنية

el agarrador

قماش الفرن

el lavabo

مجلى

el cepillo

فرشاة

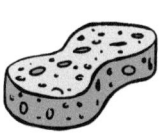

la esponja

إسفنج

la batidora

خلاط

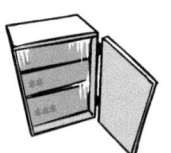

el congelador

مجمّدة

el biberón

زجاجة الطفل

el grifo

صنبور الماء

el cuarto de baño

الحمّام

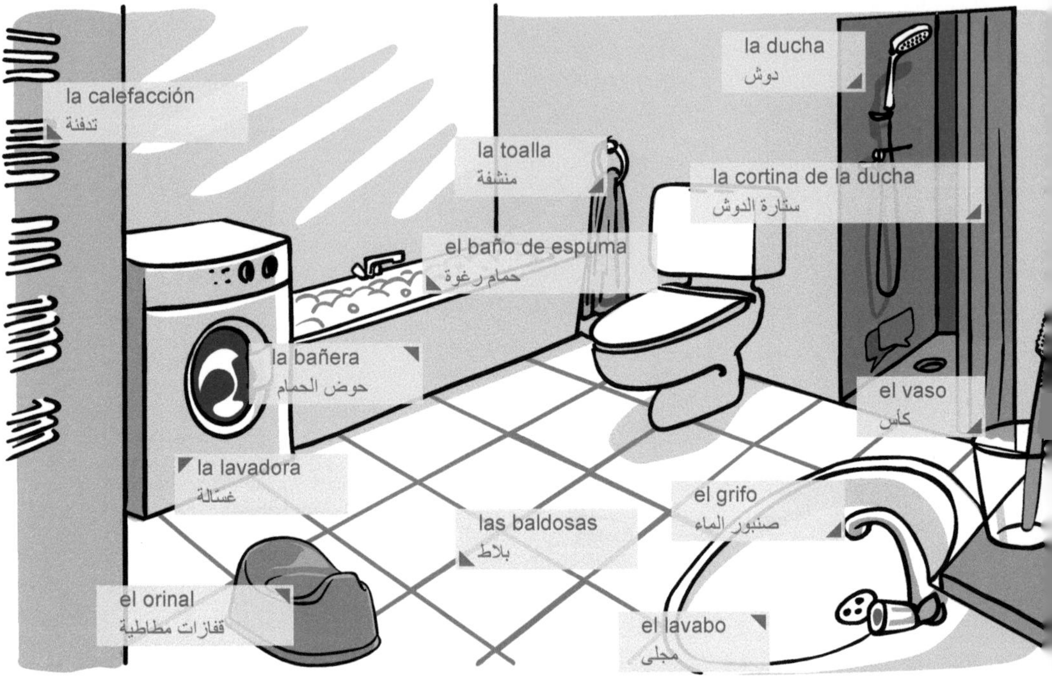

la ducha
دوش
la calefacción
تدفئة
la toalla
منشفة
la cortina de la ducha
ستارة الدوش
el baño de espuma
حمام رغوة
la bañera
حوض الحمام
el vaso
كأس
la lavadora
غسّالة
el grifo
صنبور الماء
las baldosas
بلاط
el orinal
قفازات مطاطية
el lavabo
مجلى

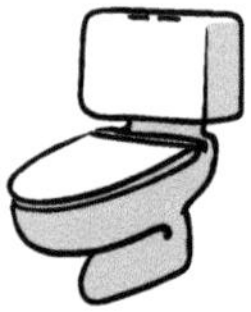

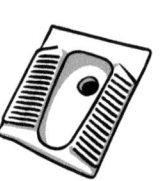

el inodoro

حمام

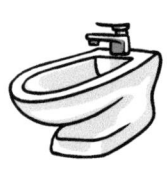

el inodoro rústico

مرحاض القرفصاء

el bidé

حوض التشطيف

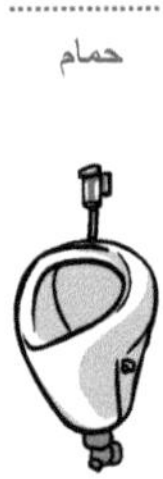

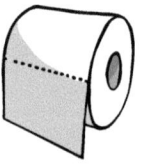

el urinario

مبولة

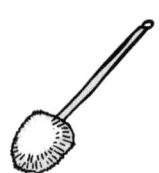

el papel higiénico

ورق المرحاض

la escobilla del váter

فرشاة الحمام

el cepillo de dientes

فرشاة الأسنان

la pasta de dientes

معجون الأسنان

el hilo dental

خيط حرير لتنظيف الأسنان

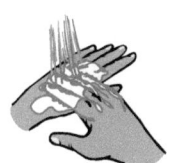

lavar

يغسل

la ducha de mano

رشاش ماء يدوي

la ducha íntima

شطاف

la pila

حوض الغسيل

el cepillo de espalda

فرشاة الظهر

el jabón

صابون

el gel de ducha

جيل الدوش

el champú

شامبو

la toallita

ممسحة

el desagüe

مصرف للماء

la crema

مرهم

el desodorante

مزيل الروائح

el espejo

مرآة

el espejo de tocador

مرآة يد

la maquinilla de afeitar

موس حلاقة

la espuma de afeitar

رغوة الحلاقة

la loción postafeitado

كولونيا

el peine

مشط

el cepillo

فرشاة

el secador

سشوار

la laca

مثبت للشعر

el maquillaje

ماكياج

el pintalabios

روج

el pintauñas

طلاء أظافر

el algodón

قطن

el cortauñas

مقص أظافر

el perfume

عطر

el estuche de viaje

سلة الغسيل

la banqueta

مقعد صغير

la balanza

ميزان

el albornoz

معطف الحمام

los guantes de goma

قفازات مطاطية

el tampón

سدادة قطنية

la compresa

منشفة صحية

el inodoro químico

تواليت كيميائية

la habitación de los niños

غرفة الأطفال

el despertador
منبّه
el peluche
الحيوانات المحنطة
el coche de juguete
سيارة لعبة
el sonajero
خشخشة
la casa de muñecas
بيت الدمى
el regalo
هدية

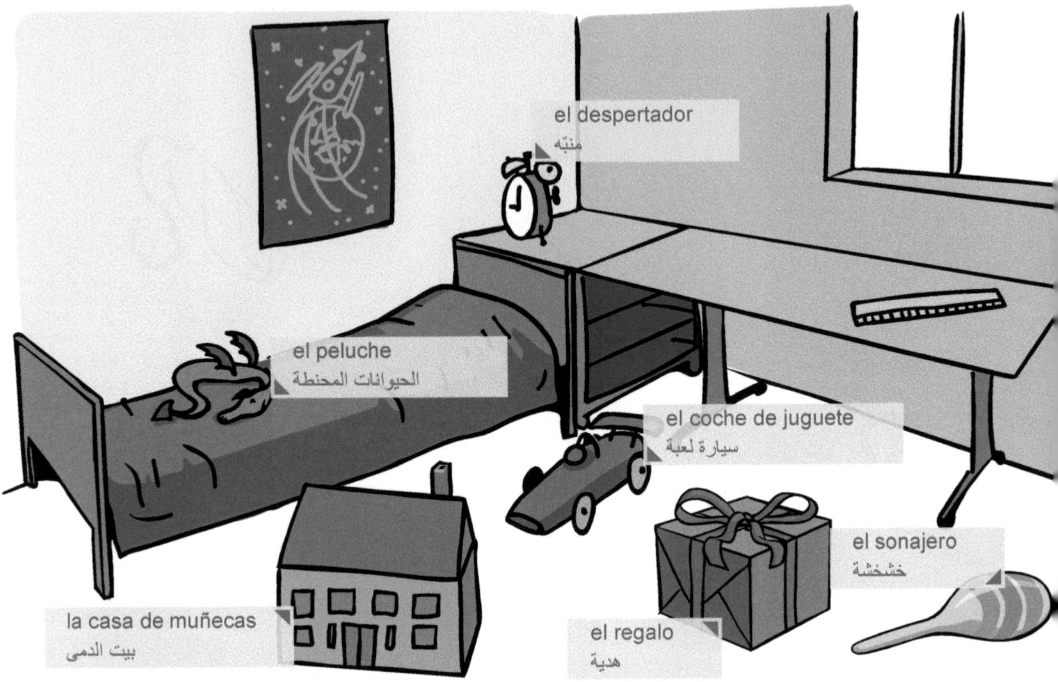

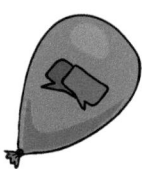

el globo

بالون

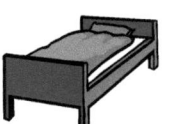

la cama

سرير

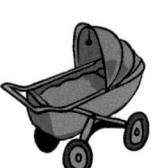

el coche de niño

عربة الأطفال

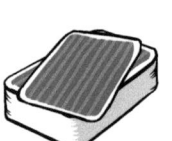

los naipes

لعبة الورق

el puzle

أحجية

SUPER
MEGA

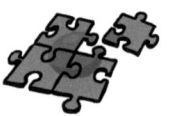

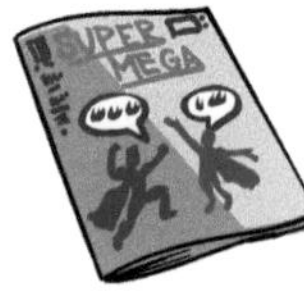

el tebeo

رسوم هزلية

las piezas de lego

أحجار الليغو

los bloques de juguete

حجارة تركيب

la figura de acción

دمية بطل

el bodi (de bebé)

لباس الطفل

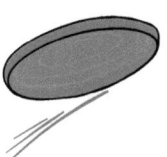

el frisbee

فريسبي

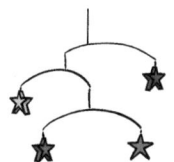

el colgador móvil para bebés

دمية معلقة

el juego de mesa

لعبة الطاولة

los dados

لعبة النرد

el circuito de tren eléctrico

لعبة قطار

el maniquí

مصّاصة

la fiesta

حفلة

el álbum de fotos

كتاب مصوّر

la pelota

كرة

la muñeca

دمية

jugar

يلعب

el cajón de arena

ملعب رملي للأطفال

el columpio

أرجوحة

los juguetes

لعبة

la videoconsola

ألعاب فيديو

el triciclo

دراجة ثلاثية

el oso de peluche

دمية على شكل الدب

la guardàrropa

خزانة الثياب

la ropa

ثياب

los calcetines

جوارب قصيرة

las medias

جوارب طويلة

los leotardos

جورب بنطلون

la bufanda
شال

el paraguas
شمسية

la camiseta
تي شيرت

el cinturón
حزام

las botas
حذاء شتوي

las zapatillas
شبشب

las deportivas
أحذية رياضية

las sandalias
....
صندل

los zapatos
....
حذاء

las botas de goma
جزمة كاوتشوك

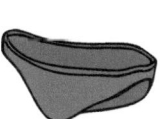

el slip
....
سروال داخلي

el sostén
....
صدارة

el chaleco
....
قميص داخلي

el bodi

لباس ملاصق للجسم

los pantalones cortos

بنطلون

los vaqueros

جينز

la falda

تنورة

la blusa

بلوزة

la camisa

قميص

el jersey

سترة قطنية

el suéter

كنزة كم طويل

el blazer

سترة فضفاضة

la chaqueta

سترة

el abrigo

معطف

la gabardina

معطف مطري

el traje

زي - طقم نسائي

el vestido

ثوب

el vestido de novia

ثوب الزفاف

el traje

طقم

el camisón

قميص نوم

el pijama

بيجاما

el sati

ساري

el bandana

حجاب

el turbante

عمامة

la burka

برقع

el caftán

قفطان

la abaya

عباءة

el traje de baño

مايوه

el bañador

سروال سباحة

los pantalones cortos

شرت

el chándal

بدلة رياضية

el delantal

منزر

los guantes

ققازات

el botón

زر

las gafas

نظّارة

el brazalete

إسوارة

el collar

عقد

el anillo

خاتم

el pendiente

قرط

la gorra

طاقيّة

la percha

علاقة ثياب

el sombrero

قبّعة

la corbata

ربطة العنق

la cremallera

سحّاب

el casco

خوذة

los tirantes

حمّالة البنطلون

el uniforme

اللباس المدرسي

el uniforme

زي موحّد

el babero

مريلة الأطفال

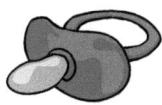

el maniquí

مصّاصة

el pañal

لفافة

la oficina

مكتب

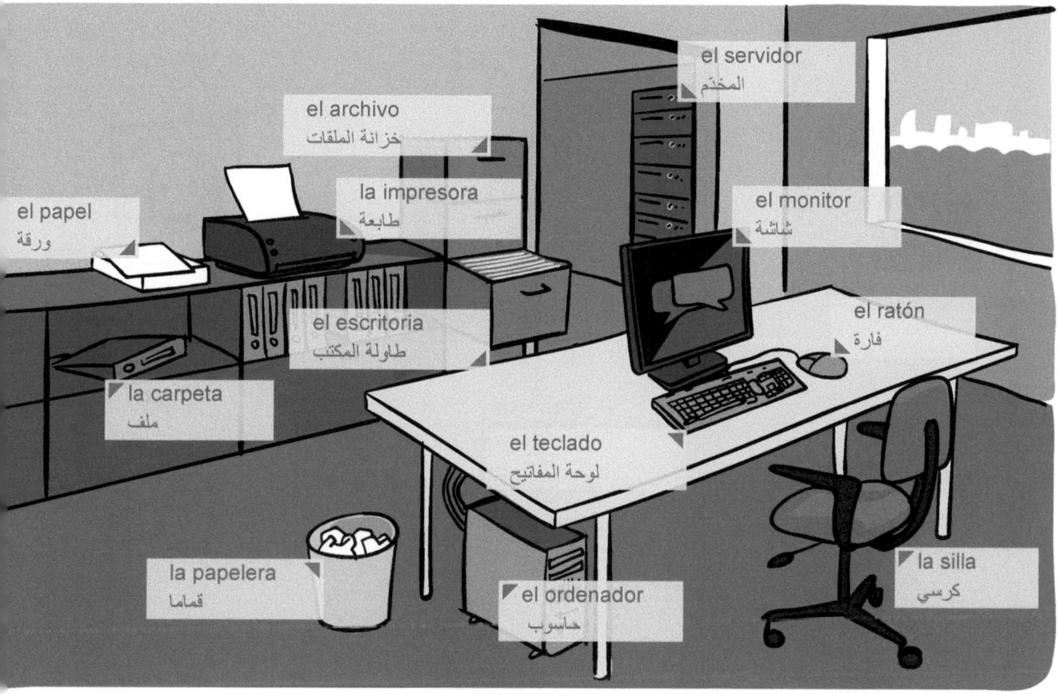

el servidor

المخدم

el archivo

خزانة الملفات

la impresora

طابعة

el papel

ورقة

el monitor

شاشة

el escritoria

طاولة المكتب

el ratón

فارة

la carpeta

ملف

el teclado

لوحة المفاتيح

la papelera

قماما

el ordenador

حاسوب

la silla

كرسي

la taza de café

كأس من القهوة

la calculadora

الآلة الحاسبة

el internet

الإنترنت

el portátil

الحاسوب المحمول

la carta

رسالة

el mensaje

خبر

el móvil

الهاتف المحمول

la red

شبكة

la fotocopiadora

جهاز تصوير

el software

البرمجيات

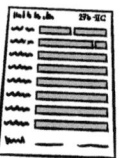

el teléfono

هاتف

la toma de corriente

مقبس كهربائي

el fax

فاكس

el formulario

استمارة

el documento

وثيقة

comprar

يَشْتَري

pagar

يدفع

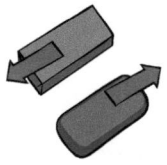

comerciar

يتاجر

el dinero

مال

el dólar

دولار

el euro

يورو

el yen

ين

el rublo

روبل

el franco suizo

فرنك سويسري

el renminbi yuan

يوان

la rupia

روبية

el cajero automático

صرّاف آلي

la oficina de cambio de
divisas
....
مكتب صرافة

el oro
....
ذهب

la plata
....
فضة

el petróleo
....
نفط

la energía
....
طاقة

el precio
....
سعر

el contrato
....
عقد

el impuesto
....
ضريبة

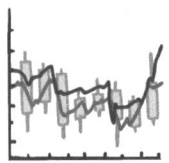

la acción
....
سهم

trabajar
....
يعمل

el empleador
....
موظف

el empleador
....
رب العمل

la fábrica
....
مصنع

la tienda de campaña
....
متجر

los oficios

المِهَن

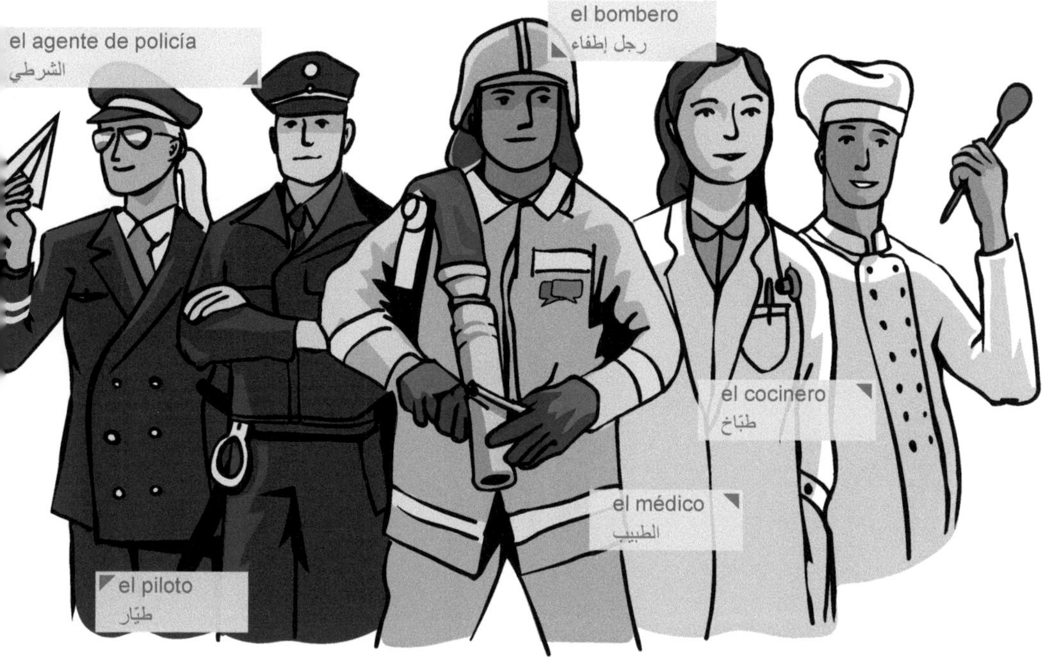

el agente de policía
الشرطي
el bombero
رجل إطفاء
el cocinero
طبّاخ
el médico
الطبيب
el piloto
طيّار

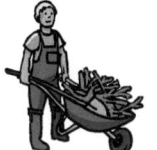

el jardinero

بستاني

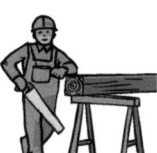

el carpintero

نجّار

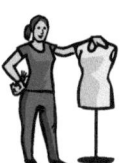

la costurera

خيّاطة

el juez

قاض

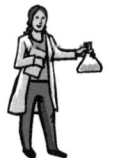

el farmacéutico

كيميائي

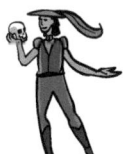

el actor

ممثل

el conductor de autobús

سائق حافلة

el taxista

سائق تاكسي

el pescador

صياد سمك

la señora de la limpieza

أجيرة للتنظيف

el techador

بنّاء سقف

el camarero

نادل

el cazador

صيّاد

el pintor

رسّام

el panadero

خباز

el electricista

كهربائي

el obrero

عامل بناء

el ingeniero

مهندس

el carnicero

لحّام

el fontanero

سمكري

el cartero

ساعي البريد

el soldado

جندي

el arquitecto

مهندس معماري

el cajero

أمين صندوق

el florista

بائع الزهور

el peluquero

حلاق

el revisor

مراقب القطار

el mecánico

ميكانيكي

el capitán

قبطان

el dentista

طبيب أسنان

el científico

رجل العلم

el rabino

حاخام

el imán

إمام

el monje

راهب

el sacerdote

كاهن

las herramientas
عدة عمل

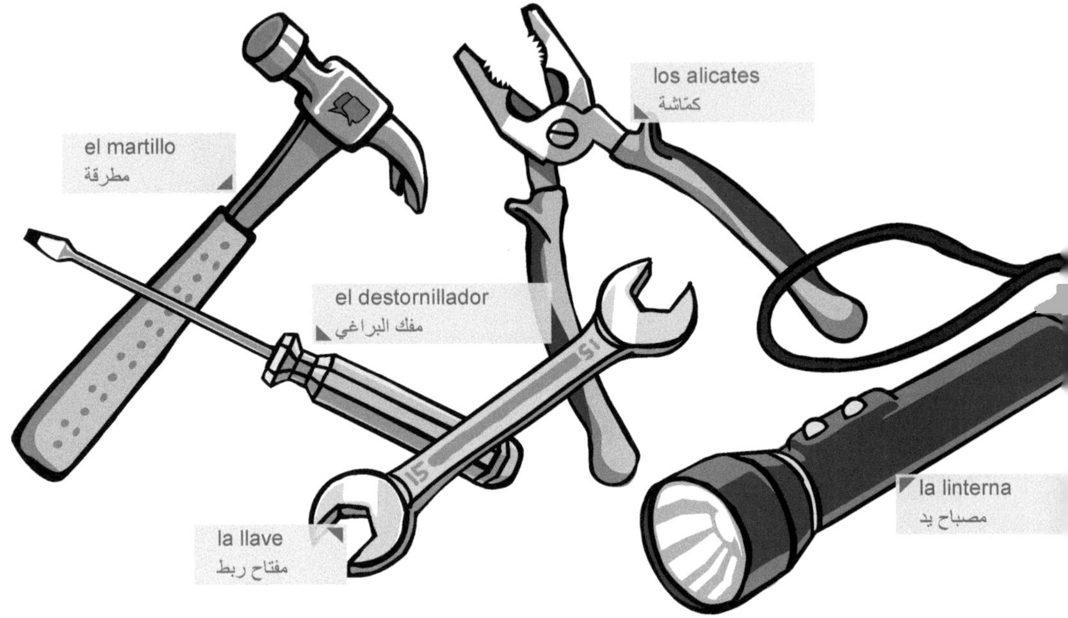

el martillo
مطرقة
los alicates
كمّاشة
el destornillador
مفك البراغي
la llave
مفتاح ربط
la linterna
مصباح يد

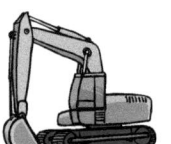

la excavadora

جرافة

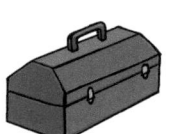

la caja de herramientas

صندوق العدة

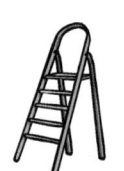

la escalera de mano

سلّم

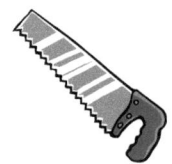

la sierra

منشار

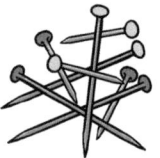

los clavos

مسامير

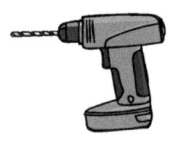

el taladro

مثقب

reparar

يصلح

la pala

مجرفة

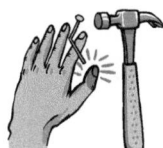

¡Maldita sea!

اللعنة

el recogedor

لقاطة الكناسة

el bote de pintura

سطل الألوان

los tornillos

براغي

los instrumentos musicales

آلات موسيقية

el altavoz
مكبر الصوت

la batería
آلات الإيقاع

el contrabajo
كمان أجهر

la trompeta
بوق

la guitarra
غيتار

el piano

بيانو

el violín

كمنجة

bajo

جهير

los timbales

طبل كبير

el tambor

طبل

el teclado

بيانو كهربائي

el saxofón

ساكسوفون

la flauta

ناي

el micrófono

ميكروفون

el zoo

حديقة حيوانات

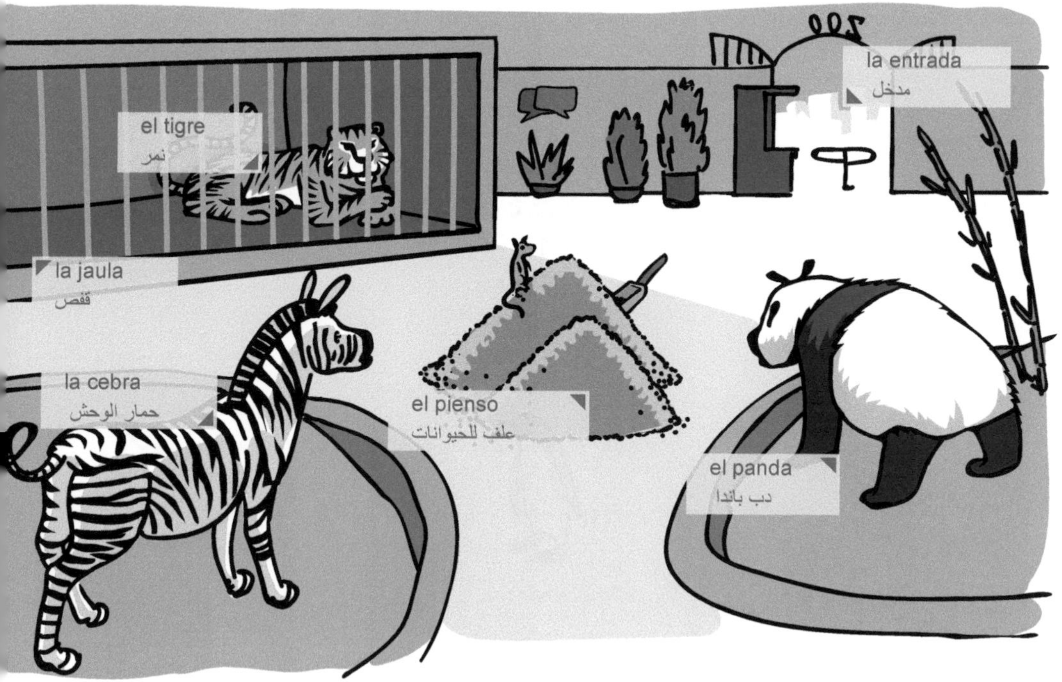

zoo
la entrada
مدخل
el tigre
نمر
la jaula
قفص
la cebra
حمار الوحش
el pienso
علف للحيوانات
el panda
دب باندا

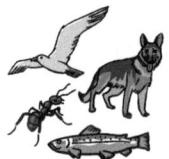

los animales

حيوانات

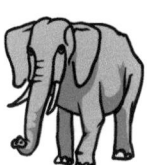

el elefante

فيل

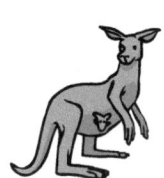

el canguro

كنغر

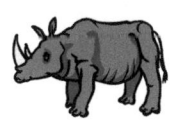

el rinoceronte

وحيد القرن

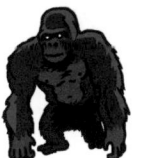

el gorila

غوريلا

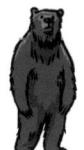

el oso

دب

el camello

جمل

el avestruz

نعامة

el león

أسد

el mono

قرد

el flamingo

طائر فلامينغو

el loro

ببغاء

el oso polar

دب قطبي

el pingüino

بطريق

el tiburón

سمك القرش

el pavo real

طاووس

la serpiente

أفعى

el cocodrilo

تمساح

el guardián de zoológico

حارس في حديقة الحيوان

la foca

عجل البحر

el jaguar

نمر أمريكي مرقط

el poni

فرس قزم

el leopardo

نمر

el hipopótamo

فرس النهر

la jirafa

زرافة

el águila

نسر

el jabalí

خنزير برّي

el pescado

سمك

la tortuga

سلحفاة

la morsa

حيوان فظ البحري

el zorro

ثعلب

la gacela

غزال

el fútbol americano
كرة القدم الأمريكية

el ciclismo
ركوب الدراجات

el tenis
كرة التنس

el baloncesto
كرة السلة

la natación
السباحة

el boxeo
الملاكمة

el hockey sobre hielo
هوكي الجليد

el fútbol
كرة القدم

el bádminton
الريشة الطائرة

el atletismo
ألعاب القوى الخفيفة

el balonmano
كرة اليد

el esquí
التزلج على الثلج

el polo
بولو

las actividades
نشاطات

reír
يضحك
saltar
يقفز
abrazar
يعانق
caminar
يمشي
cantar
يغنّي
soñar
يحلم
rezar
يصلّي
besar
يقبل

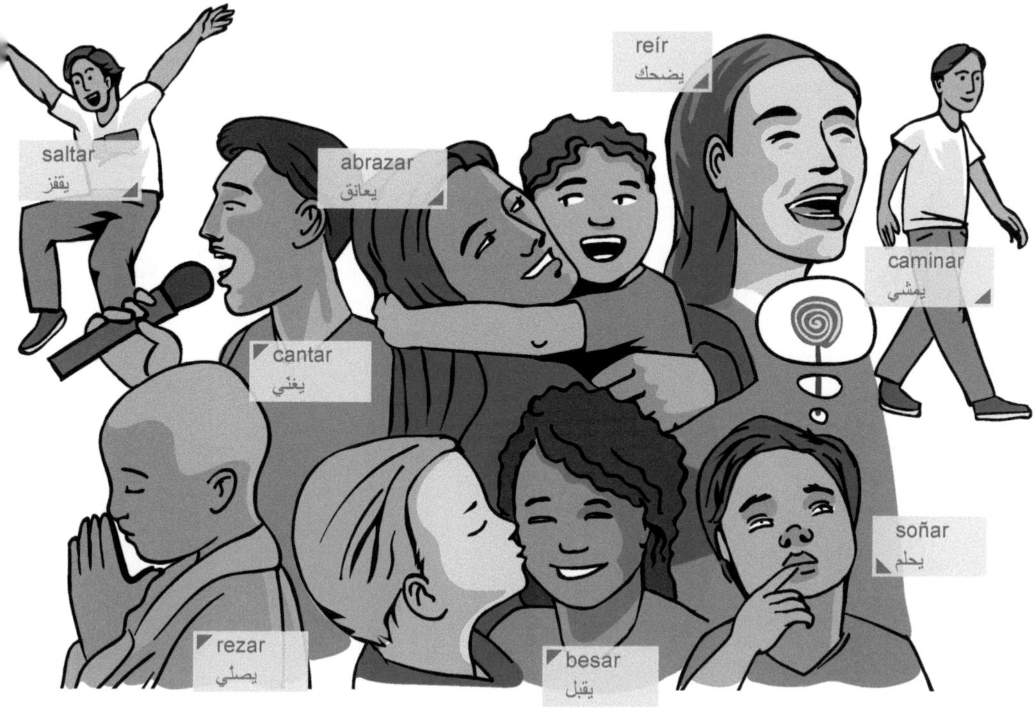

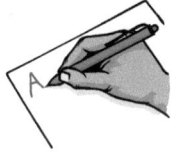

escribir
يكتب

dibujar
يرسم

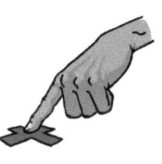

mostrar
يُري

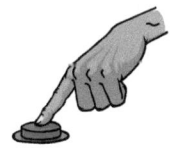

empujar
يدفع

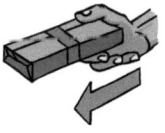

dar
يعطي

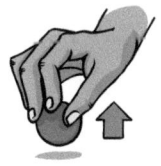

tomar
يأخذ

tener

يملك

hacer

يعمل

ser

يوجد

estar de pie

يقف

correr

يركض

tirar

يسحب

tirar

يرمي

caer

يقع

yacer

يستلقي

esperar

ينتظر

llevar

يحمل

estar sentado

يجلس

vestirse

يلبس

dormir

ينام

despertar

يستيقظ

mirar

ينظر إلى ..

llorar

يبكي

acariciar

يمسّد

peinar

يمشّط

hablar

يتكلم

entender

يفهم

preguntar

يسأل

escuchar

يسمع

beber

يشرب

comer

يأكل

ordenar

يرتّب

amar

يحب

cocinar

يطبخ

conducir

يقود

volar

يطيّر

navegar

يبحر بزورق شراعي

calcular

يحسب

leer

يقرأ

aprender

يتعلم

trabajar

يعمل

casarse

يتزوج

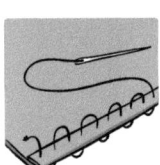

coser

يخيط

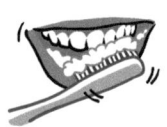

cepillarse los dientes

ينظف أسنانه

matar

يقتّل

fumar

يدخّن

enviar

يرسل

la familia
عائلة

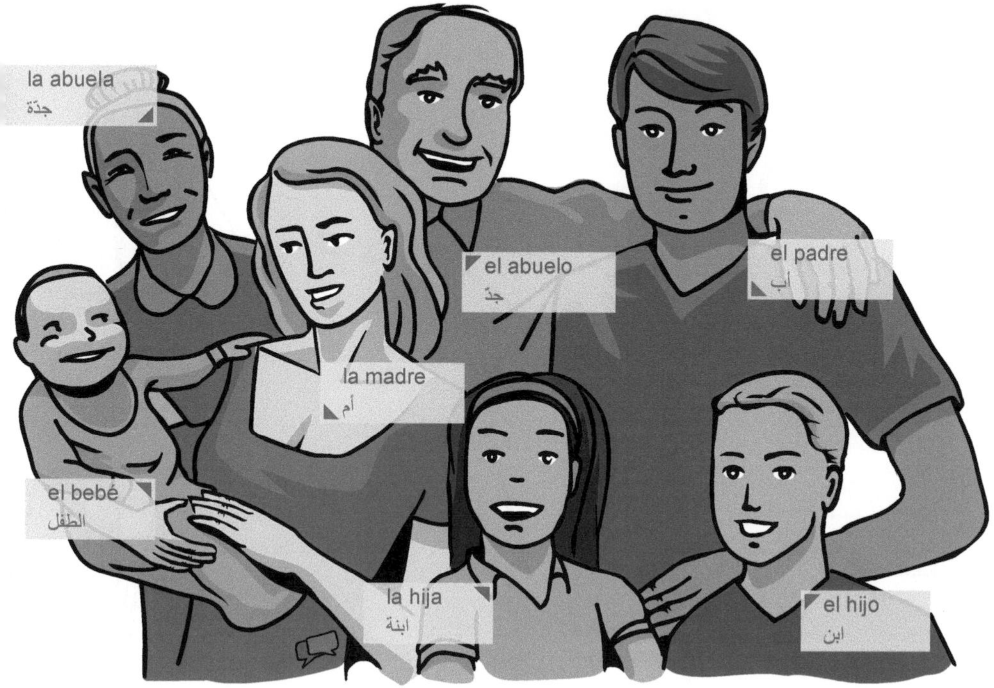
la abuela
جدّة
el abuelo
جدّ
el padre
أب
la madre
أم
el bebé
الطفل
la hija
ابنة
el hijo
ابن

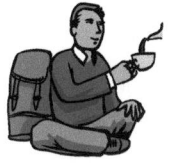

el invitado

ضيف

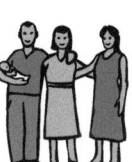

la tía

عمّة / خالة

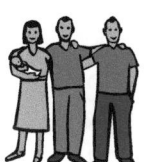

el tío

عمّ / خال

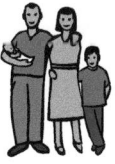

el hermano

أخ

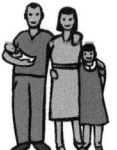

la hermana

أخت

el cuerpo

الجسم

la frente
الجبين
el ojo
العين
el hombro
الكتف
el dedo
الإصبع
la cara
الوجه
la barbilla
الذقن
la mano
اليد
la pierna
الساق
el pecho
الصدر
el brazo
الذراع

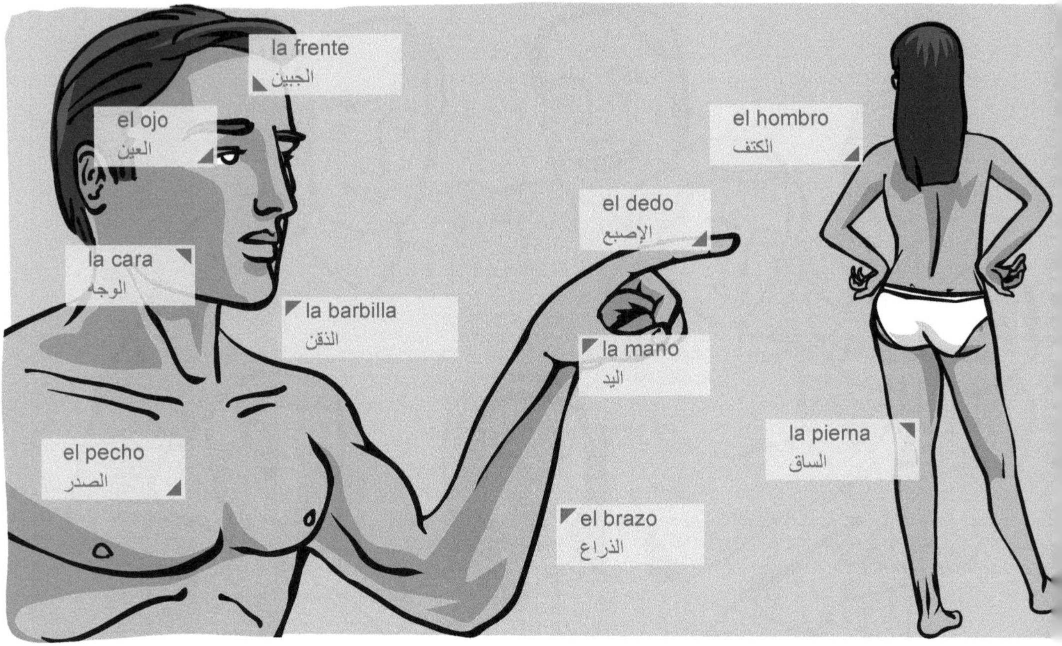

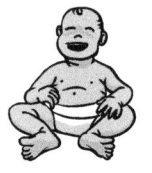

el bebé

الطفل

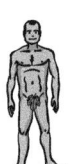

el hombre

الرجل

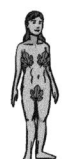

la mujer

المرأة

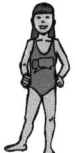

la chica

البنت

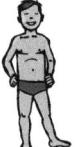

el chico

الولد

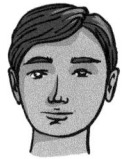

la cabeza

الرأس

la espalda

الظهر

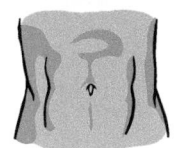

el vientre

البطن

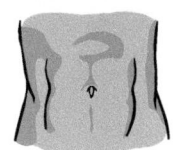

el ombligo

السرّة

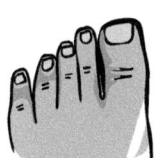

el dedo del pie

إصبع القدم

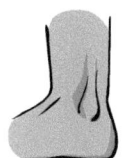

el talón

الكعب

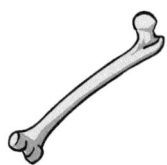

el hueso

العظم

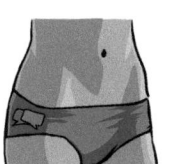

la cadera

الورك

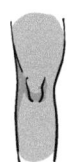

la rodilla

الركبة

el codo

المرفق

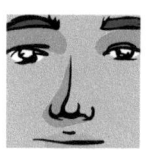

la nariz

الأنف

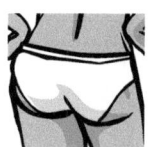

el trasero

العَجُز

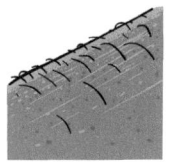

la piel

البَشَرة

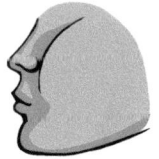

la mejilla

الخد

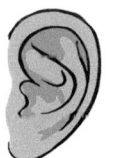

el oído

الأذن

el labio

الشفة

la boca

الفم

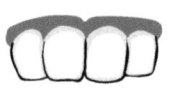

el diente

السن

la lengua

اللسان

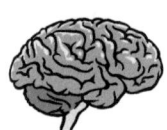

el cerebro

الدماغ

el corazón

القلب

el músculo

العضلة

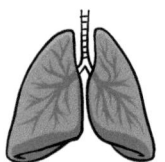

el pulmón

الرئة

el hígado

الكبد

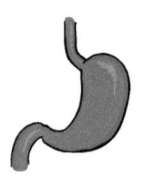

el estómago

المعدة

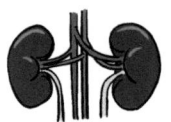

los riñones

الكلى

el sexo

الاتصال الجنسي

el condón

الواقي المطاطي

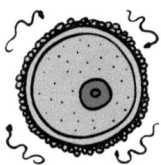

el ovario

البويضة

el semen

المنيّ

el embarazo

الحمل

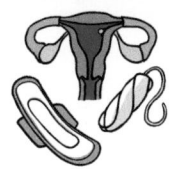

la menstruación

الحيض

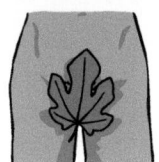

la vagina

المهبل

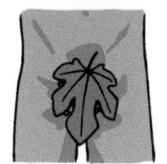

el pene

القضيب

la ceja

الحاجب

el pelo

الشعر

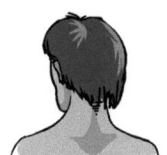

el cuello

الرقبة

el hospital
المستشفى

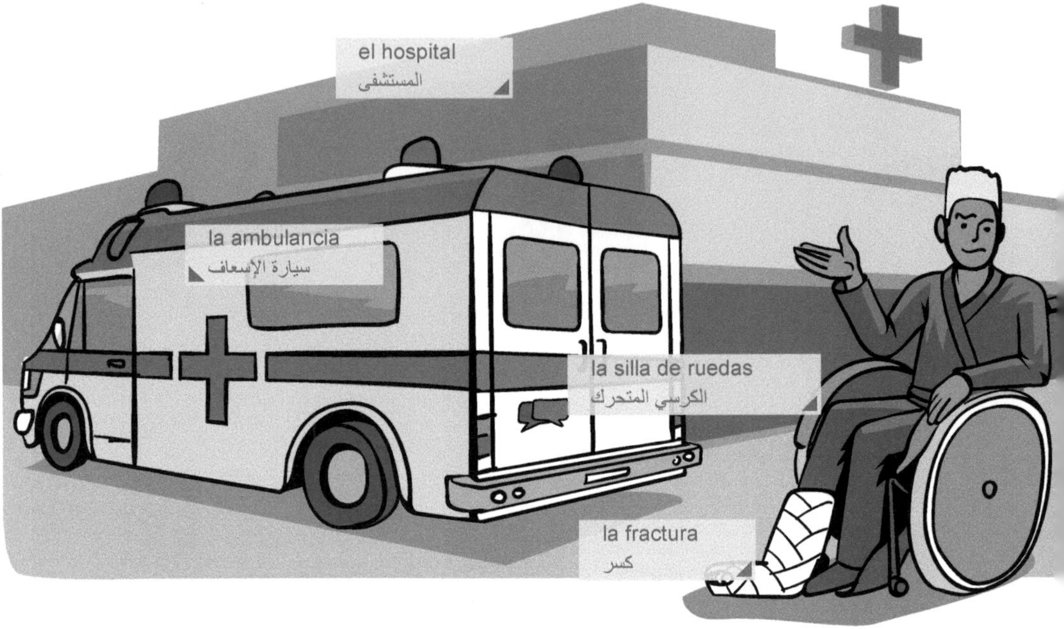

el hospital
المستشفى
la ambulancia
سيارة الإسعاف
la silla de ruedas
الكرسي المتحرك
la fractura
كسر

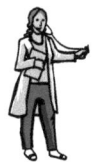

el médico

الطبيب

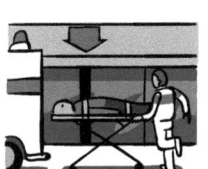

la sala de urgencias

غرفة الإسعاف

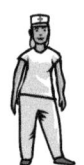

la enfermera

الممرضة

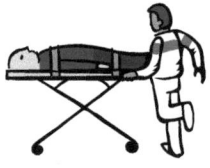

la urgencia

حالة

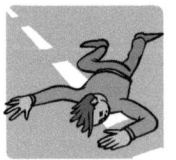

inconsciente

مغمى عليه

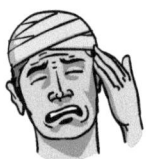

el dolor

الألم

la lesión

إصابة

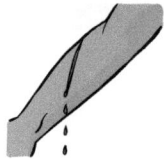

la hemorragia

النزيف

el infarto

احتشاء القلب

el ictus

جلطة

la alergia

حسسية

la tos

السعال

la fiebre

الحُمّى

la gripe

إنفلونزا

la diarrea

الإسهال

el dolor de cabeza

وجع الرأس

el cáncer

السرطان

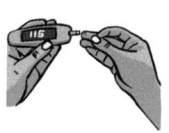

la diabetes

مرض السكر

el cirujano

جرّاح

el bisturí

مبضع

la operación

عملية

TAC

سيتي سكان

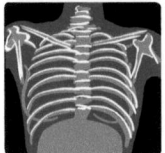

los rayos x

الأشعة السينية

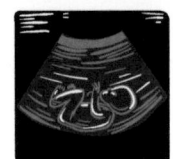

el ultrasonido

فوق الصوتي

la mascarilla

القناع

la enfermedad

المرض

la sala de espera

غرفة الانتظار

la muleta

العُكّاز

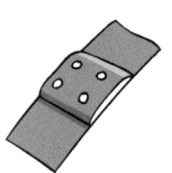

la tirita

شريط لاصق

la venda

ضماد

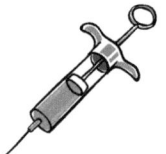

la inyección

حقنة

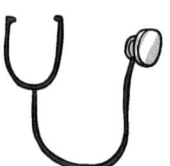

el estetoscopio

سمّاعة الطبيب

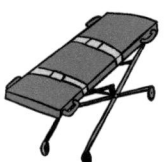

la camilla

نقالة

el termómetro

ميزان حرارة

el nacimiento

ولادة

el sobrepeso

وزن زائد

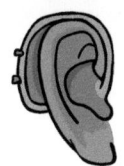

el audífono

جهاز السمع

el desinfectante

المواد المعقمة

la infección

عدوى

el virus

فيروس

VIH / SIDA

الإيدز

la medicina

الطب

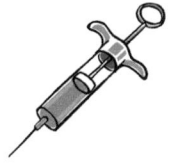

la vacunación

اللقاح

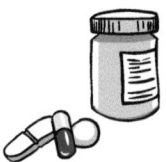

las tabletas

أقراص الدواء

la pastilla

حبّة الدواء

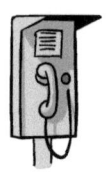

la llamada de urgencia

نداء النجدة

el tensiómetro

مقياس ضغط الدم

enfermo / sano

مريض / صحيح

¡Socorro!

النجدة!

la alarma

إنذار

el asalto

اعتداء

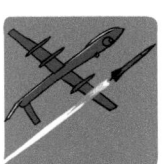

el ataque

هجوم

el peligro

خطر

la salida de emergencia

مخرج طوارئ

¡Fuego!

حريق!

el extintor de incendios

جهاز الإطفاء

el accidente

حادث

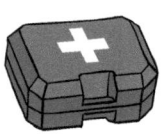

el botiquín de primeros auxilios

حقيبة الإسعاف الأولي

SOS

أنقذونا

la policía

الشرطة

Europa

أوروبا

Norteamérica

أمريكا الشمالية

Sudamérica

أمريكا الجنوبية

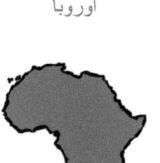

África

أفريقيا

Asia

آسيا

Australia

أستراليا

el atlántico

المحيط الأطلسي

el Pacífico

المحيط الهادي

el Océano Índico

المحيط الهندي

el Océano Antártico

المحيط المتجمد الجنوبي

el Océano Ártico

المحيط المتجمد الشمالي

el polo norte

القطب الشمالي

el polo sur

القطب الجنوبي

La Antártida

منطقة القطب الجنوبي

la tierra

أرض

la tierra

بر

el mar

بحر

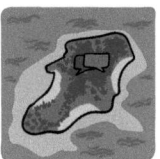

la isla

جزيرة

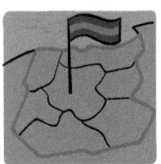

la nación

أمة

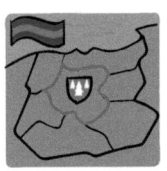

el estado

دولة

la esfera

ميناء الساعة

la manecilla de las horas

عقرب الساعات

el minutero

عقرب الدقائق

el segundero

عقرب الثواني

¿Qué hora es?

كم الساعة الآن؟

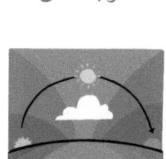

el día

يوم

el tiempo

زمن

ahora

الآن

el reloj digital

ساعة رقمية

el minuto

دقيقة

la hora

ساعة

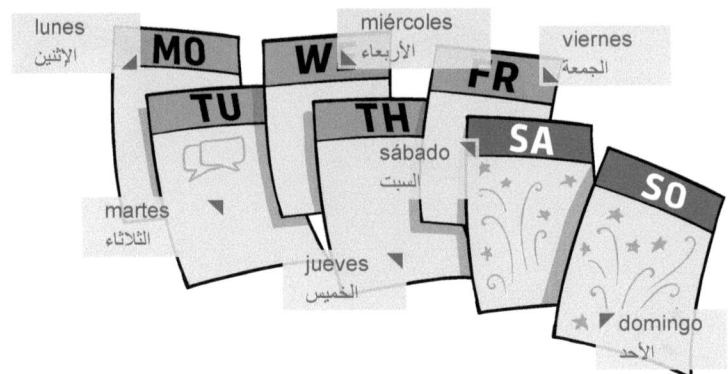

lunes
الإثنين

miércoles
الأربعاء

viernes
الجمعة

martes
الثلاثاء

jueves
الخميس

sábado
السبت

domingo
الأحد

ayer
الأمس

hoy
اليوم

mañana
غدا

la mañana
الصباح

el mediodía
الظهر

la tarde
المساء

MO	TU	WE	TH	FR	SA	SU
1	2	3	4	5	6	7
8	9	10	11	12	13	14
15	16	17	18	19	20	21
22	23	24	25	26	27	28
29	30	31	1	2	3	4

los días laborables
أيام العمل

MO	TU	WE	TH	FR	SA	SU
1	2	3	4	5	6	7
8	9	10	11	12	13	14
15	16	17	18	19	20	21
22	23	24	25	26	27	28
29	30	31	1	2	3	4

el fin de semana
نهاية الأسبوع

el año
سنة

la lluvia
مطر
el arcoíris
قوس قزح
la nieve
ثلج
el viento
ريح
la primavera
الربيع
el otoño
الخريف
el verano
الصيف
el invierno
الشتاء

4.APRIL 11°
5.APRIL 4°
6.APRIL 13°
7.APRIL 8°
8.APRIL 10°

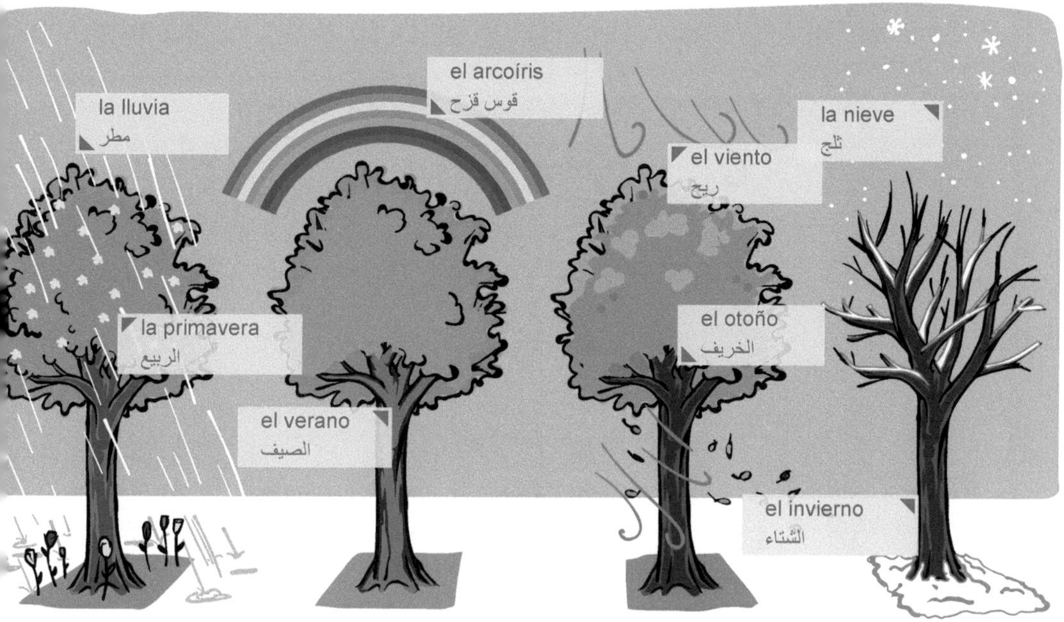

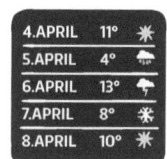

el pronóstico del tiempo

التنبّؤ بالحالة الجوية

F C
120 40
90 30
60 20
30 10
0 0
-30 -10
-20

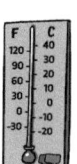

el termómetro

مقياس حرارة

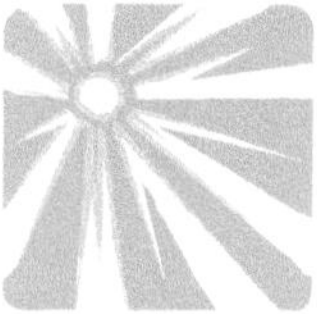

el sol

ضوء الشمس

la nube

سحابة

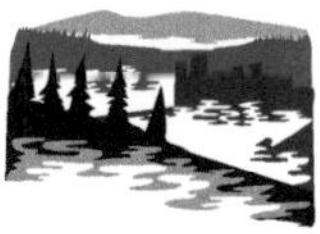

la niebla

ضباب

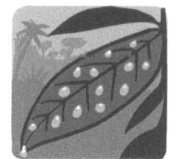

la humedad

رطوبة الجو

el rayo

برق

el trueno

رعد

la tormenta

عاصفة

el granizo

بَرَد

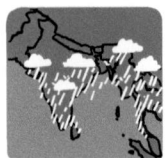

el monzón

ريح موسمية

la inundación

طوفان

el hielo

جليد

enero

كانون الثاني / يناير

febrero

شباط / فبراير

marzo

آذار / مارس

abril

نيسان / أبريل

mayo

أيار / مايو

junio

حزيران / يونيو

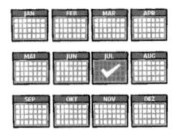

julio

تموز / يوليو

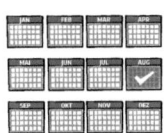

agosto

آب / أغسطس

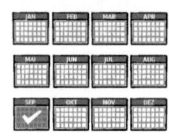

septiembre
....
أيلول / سبتمبر

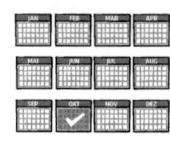

octubre
....
تشرين الأول / أكتوبر

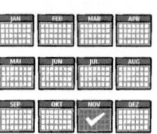

noviembre
....
تشرين الثاني / نوفمبر

diciembre
....
كانون الأول / ديسمبر

las formas
أشكال

el círculo
....
دائرة

el cuadrado
....
مربع

el rectángulo
....
مستطيل

el triángulo
....
مثلث

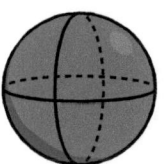

la esfera
....
كرة

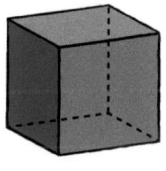

el cubo
....
مكعب

blanco

أبيض

amarillo

أصفر

anaranjado

برتقالي

rosa

وردي

rojo

أحمر

morado

بنفسجي

azul

أزرق

verde

أخضر

marrón

بنّي

gris

رمادي

negro

أسود

mucho / poco

كثير / قليل

enojado / tranquilo

غضبان / هادئ

bonito / feo

جميل / قبيح

principio / fin

بداية / نهاية

grande / pequeño

كبير / صغير

claro / oscuro

فاتح / قاتم

el hermano / la hermana

أخ / أخت

limpio / sucio

نظيف / وسخ

completo / incompleto

كامل / ناقص

el día / la noche

نهار / ليل

muerto / vivo

ميّت / حيّ

ancho / estrecho

عريض / ضيّق

comestible / no comestible

صالح للأكل / غير صالح

malo / amable

شرّير / لطيف

entusiasmado / aburrido

مثير / ممل

gordo / delgado

سمين / نحيف

primero / último

أولا / أخيراً

el amigo / el enemigo

صديق / عدو

lleno / vacío

مليء / فارغ

duro / blando

صلب / لَيِّن

pesado / ligero

ثقيل / خفيف

el hambre / la sed

جوع / عطش

enfermo / sano

مريض / صحيح

ilegal / legal

غير شرعي / شرعي

inteligente / tonto

ذكي / غبي

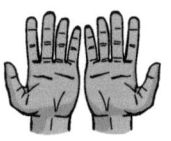

izquierda / derecha

يسار / يمين

cerca / lejos

قريب / بعيد

nuevo / usado

....

جديد / مستعمل

nada / algo

....

لا شيء / بعض الشيء

viejo / joven

....

مسين / شاب

encendido / apagado

....

يشعل / يطفئ

abierto / cerrado

....

مفتوح / مغلق

silencioso / ruidoso

....

خافت / عال

rico / pobre

....

غني / فقير

correcto / incorrecto

....

صح / خطأ

áspero / suave

....

أحرش / املس

triste / contento

....

حزين / سعيد

corto / largo

....

قصير / طويل

lento / rápido

....

بطيء / سريع

húmedo / seco

....

مبلول / جاف

cálido / frío

....

ساخن / بارد

guerra / paz

....

حرب / سلم

0

cero

صفر

1

uno

واحد

2

dos

اثنان

3

tres

ثلاثة

4

cuatro

أربعة

5

cinco

خمسة

6

seis

ستة

7

siete

سبعة

8

ocho

ثمانية

9

nueve

تسعة

10

diez

عشرة

11

once

أحد عشر

12
doce

اثنا عشر

13
trece

ثلاثة عشر

14
catorce

أربعة عشر

15
quince

خمسة عشر

16
dieciséis

ستة عشر

17
diecisiete

سبعة عشر

18
dieciocho

ثمانية عشر

19
diecinueve

تسعة عشر

20
veinte

عشرون

100
cien

مائة

1.000
mil

ألف

1.000.000
el millón

مليون

el inglés

الإنكليزية

el inglés americano

الإنكليزية الأمريكية

el chino madarín

لغة ماندارين الصينية

el hindi

الهندية

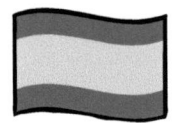

el español

الإسبانية

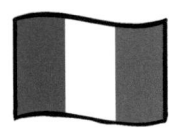

el francés

الفرنسية

el árabe

العربية

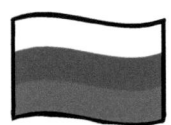

el ruso

الروسية

el portugués

البرتغالية

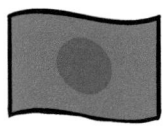

el bengalí

البنغالية

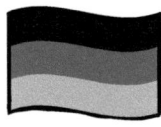

el alemán

الألمانية

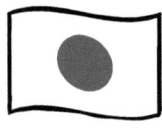

el japonés

اليابانية

yo

أنا

tú

أنت

él / ella / ello

هو / هي

nosotros/as

نحن

vosotros/as

أنتم

ellos/as

هم

¿quién?

من؟

¿qué?

ماذا؟

¿cómo?

كيف؟

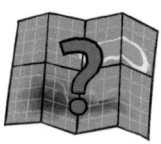

¿dónde?

أين؟

¿cuándo?

متى؟

HELLO, I AM

el nombre

اسم

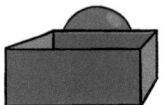

detrás

خلف

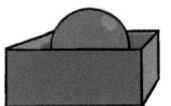

en

في

delante de

أمام

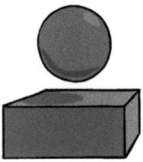

por encima de

فوق

sobre

على

debajo de

تحت

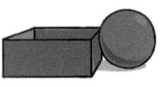

junto a

جنب

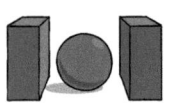

entre

بين

el lugar

مكان